EXPLICATION

DU TABLEAU CENTRAL DES OPINIONS ET DE L'ÉDUCATION PUBLIQUE.

Présenté à l'Assemblée Nationale, qui en a agréé l'hommage, le 18 Juillet 1791.

TROISIEME ÉDITION.

L'Homme est libre, il le sait : il veut, & son pouvoir
Pour bornes ne connoît que la loi du devoir ;
Comblé d'honneur, de biens, & maître respecté,
Lui seul connoît l'auteur de la félicité ;
Lui seul dans l'univers est né pour le connoître,
Pour l'aimer, l'adorer, lui rapporter son être.

(*M***.*)

Oui, c'est un Dieu caché, que le Dieu qu'il faut croire ;
Mais tout caché qu'il est, pour révéler sa gloire
Quels témoins éclatans devant moi rassemblés !
Répondez Cieux & Mers, & vous, Terre, parlez.

(*Racine F.*)

DIEU, dit Lactance, a mis dans l'homme deux desirs, l'un pour la *Religion*, l'autre pour la *Sagesse* ; & c'est dans cette Religion & dans cette Sagesse, qui sont inséparables, que consistent la vérité & les devoirs de l'homme : car c'est de moi, dit la Sagesse, que vient le conseil & l'équité ; c'est de moi que vient la prudence & la force. (*Prov. 8. 14.*) C'est cette sagesse qui nous fait connoître à tous que la liberté n'est point une liberté d'indépendance, mais une liberté soumise à la droite raison & aux loix divines & humaines, enfin que la liberté n'est pas donnée à l'homme afin qu'il ait la licence de faire le mal ; mais afin qu'il lui tourne à gloire de faire le bien. Les Païens même nous l'ont appris : Etre libres, disoient-ils, c'est obéir aux Loix.

(5)

EXPLICATION SUCCINTE

Du Tableau Central des Opinions & de l'Education publique, par *J. CHEVRET*, Citoyen de Paris, de la Section & de la Bibliotheque.

Présenté à l'ASSEMBLÉE NATIONALE, qui en a agréé l'hommage, le 18 Juillet 1791.

Les sciences ont des racines amères ;
Mais les fruits en sont doux. (*Aristote.*)

IL n'y a rien de si beau ni de si satisfaisant, dit *Leibnitz*, que d'avoir une véritable connoissance du systême de l'Univers, non seulement à l'égard des Corps, mais encore à l'égard des substances en général, & sur-tout à l'égard de la nature de Dieu, & de celle de notre ame créée à son image & ressemblance.

Le Tableau central a pour objet de satisfaire à ce but, en exposant aux yeux ce magnifique spectacle & tout le mécanisme admirable de l'Univers, pour ensuite élever l'esprit & le cœur à concevoir la plus grande & la plus noble idée de son Auteur, de sa *Puissance*, de sa *Sagesse* & de son *Amour* suprêmes. Car où est l'homme, dit l'Ecriture, qui ne comprend pas par les biens visibles le souverain Être, & qui ne reconnoît pas le Créateur par la considération de ses ouvrages ?

Qui peut douter enfin que ce ne soit lui, comme principe éternel, l'Être par excellence, le Principe & la Source de tout être qui soit, le centre où doivent se rapporter toutes les opinions & les pensées des hommes, & la base unique & à jamais inébranlable de l'Education publique ? Car, dit *Cicéron*, cet Auteur illustre du Paganisme, Dieu sera éternellement lui seul, & l'Instructeur, & le Souverain de tous les hommes. Vous lui devez, dit *Séneque*, les vertus dont vous êtes doués, la connoissance des arts que vous cultivez, & cet esprit capable de penétrer, dans un instant, tout ce qui peut être l'objet de son application. C'est lui, dit l'Ecriture, qui donne la sagesse aux sages, & la science à ceux qui ont l'intelligence & la lumiere. C'est de lui que vient la prudence & la force ; les Rois

A

regnent par lui, & c'eſt par lui que les Légiſlateurs ordonnent ce qui eſt juſte. Enfin,

Tout eſt ſoumis à ſon Empire ;	C'eſt par lui que tout reſpire,
Sa bonté remplit l'univers ;	Sur la terre & dans les airs. (*P. Porée*)

Préſenter aux yeux de tous les hommes un précis de ces ſublimes vérités, & particulierement à la jeuneſſe, tel eſt l'objet de ce Tableau qui réunit ſous un même point de vue les vérités phyſiques, métaphyſiques, morales & religieuſes, qui les concentre toutes dans l'unité du même principe, & tranſmet à l'eſprit & au cœur, par les yeux, les vérités & les ſentimens les plus dignes de l'homme, image, par ſon intelligence, de la Divinité ſur la terre.

AINSI le premier aſpect de ce Tableau offre donc à l'œuil le ſpectacle de la Nature, le ſyſtême de Copernic expliqué par Newton, le Soleil au centre de l'Univers & de tous les mouvemens céleſtes, & chacune des Planetes ſe mouvant autour de lui à des diſtances plus ou moins grandes, & dans des temps plus ou moins longs, & tous les ſignes du Zodiaque figurés dans le Ciel, ainſi que l'explique le Diſcours qui accompagne ces Aſtres.

Et, pour unir la Phyſique qui eſt la ſcience des êtres ſenſibles, à la Métaphyſique qui eſt la ſcience des principes & des êtres intellectuels, ou plutôt rendre ſenſible l'Unité & la Trinité du principe ſouverain qui eſt Dieu, en l'uniſſant ſymboliquement à ſon ouvrage qu'il remplit, puiſqu'il remplit le Ciel & la Terre, l'on a tracé au centre du Soleil, de cet Aſtre où Dieu, dit l'Ecriture, a établi ſa tente, & dont le corps eſt tout plein de ſa gloire, on y a tracé le cercle & le triangle comme ſymboles de la Trinité & de l'Unité. Sur les côtés de cette figure géométrique ſe voient les noms de *Pere*, de *Fils*, & de *Saint-Eſprit*; &, partant des trois angles, l'on voit que la *puiſſance va au Pere, la ſageſſe au Fils*, & l'*amour au Saint-Eſprit*, qui ne font point trois êtres, mais ce qui détermine & conſtitue la Trinité & l'unité d'un ſeul & même être qui eſt Dieu. Ainſi, peut-on le dire que les trois lignes liées en unité forment les trois angles qui déterminent & conſtituent l'eſſence & l'unité du triangle.

Les expreſſions de grandeur & de majeſté par leſquelles la Divinité s'eſt fait connoître aux hommes, en diſant *je ſuis celui qui eſt*, c'eſt-à-dire, l'Eternel, l'Être par excellence, le Principe & la Source de tout Être, inſcrites autour du petit cercle où eſt le mot Dieu, annoncent ſon éternelle exiſtence, la ſimplicité de ſon Être & l'unité de ſon Eſſence ; d'où l'on voit l'émanation de la Raiſon, de la Philoſophie & de la Religion, rendue ſenſible par les traits de lumiere qui ſe portent vers les deux médaillons, emblêmes, l'un de la Philoſophie, & l'autre de la Religion, & dans leſquels ſe trouve le précis de leurs principes, & autour de chacun les caractères qui les diſtinguent; & les expreſſions d'*Entendement*, *de Raiſonnement & d'Amour*, *de Nombre*, *Poids & Meſure*, *d'Unité*, *Verité & Charité*, qui ſont gravées au pied des médaillons & au milieu du Tableau, ſur la même ligne, caractériſent, les unes les trois facultés de l'ame qui operent en unité dans l'entendement humain; les autres indiquent que tout dans la nature y eſt fait avec ces trois proportions de nombre, poids & meſure; & fait voir que dans la Religion l'unité, la vérité, la charité, ſont ſes grands caracteres, ainſi que la *Foi*, l'*Eſpérance*, la *Charité* ou l'Amour, qui ſe voient autour du médaillon, ſont ſes principes; & que la *Logique*, la *Métaphyſique*, la *Morale* & la *Phyſique*, ſont les principales parties de la Philoſophie, que la *Prudence*, la *Juſtice*, la *Force* & la *Tempérance* uniſſent à la Religion; &, pour concluſion, que les deux grands ouvrages où brille l'unité d'un deſſein toujours ſuivi, & qui font particulierement reconnoître la Divinité, ſont la Nature & la Religion :

Car, dit l'Ecriture, la grandeur & la beauté de la créature peuvent faire connoître & rendre, en quelque ſorte, viſible le Créateur. (*Sag.* 13. 5.)

Ce grand & ſuperbe ouvrage
N'eſt point pour l'homme un langage
Obſcur & Myſtérieux;
Son admirable ſtructure
Eſt la voix de la Nature
Qui ſe fait entendre aux yeux.
(*J. B. Rouſſeau.*)

Enfin la lumiere reſplendiſſante du Soleil, & ſes rayons lumineux lancés de toute part dans l'Univers, déſignent & annoncent avec magnificence à toute la Nature ſon Auteur, ſa grandeur & ſa gloire; & cette vive & éclatante lumiere, image ſenſible de l'eſprit Divin qui remplit l'Univers, ſemble ici inveſtir, & faire briller aux yeux tous les génies bienfaiſans des grands hommes dont les noms immortels ſont tous préſumés tracés dans les médaillons qui entourent & ornent ce Tableau, pour rappeler leurs vertus, leur mérite, ſervir d'exemple, & conduire à la véritable gloire, vers cette gloire utile à l'humanité, à la Patrie, à ſes Concitoyens, enfin à cette gloire digne de ſon principe.

L'Aſſemblée Nationale au milieu des Légiſlateurs anciens, & des Auteurs anciens & modernes qui ont écrit ſur les Loix, voit à ſes côtés, dans deux cœurs aux angles de ce Tableau, la Philoſophie & la Religion. Sous l'une les Sçavans, Métaphyſciens, Moraliſtes, Phyſiciens, Mathématiciens, Aſtronomes, & autres perſonnages célèbres qui ont éclairé leur ſiecle dans les arts & dans les ſciences; & ſous l'autre, les Auteurs ſacrés, & les perſonnages illuſtres de tous les temps & de tous les lieux, qui ont promulgué, prouvé, défendu & fait aimer la Religion par leurs écrits & leurs vertus.

Le Roi, l'Ami des François, au milieu des Rois bienfaiſans, des Miniſtres, Généraux d'armées & autres chargés de pouvoirs publics, & qui ſe ſont fait aimer par leur mérite & leurs vertus. A ſes côtés, dans deux autres cœurs, d'un côté la Déclaration des droits de l'homme & du citoyen, reconnus & déclarés par les Repréſentans du Peuple François, *en préſence & ſous les auſpices de l'Être ſuprême ;*

Et de l'autre, le grand Diſcours où ce vertueux Monarque prononça ces paroles de paix : « ne profeſſons tous, à compter de ce jour, ne profeſſons tous, je vous en donne l'exemple, » qu'une ſeule opinion, qu'un ſeul intérêt, qu'une ſeule volonté, l'attachement à la Conſtitution nouvelle, & le deſir » ardent de la paix, du bonheur & de la proſpérité de la France ».

C'eſt à cette unité ſi déſirable que tous les Citoyens doivent concourir, & c'eſt pour les y rappeler que ſont ici tracés, dans des cœurs, la Philoſophie, la Religion, la Déclaration des droits, & ce beau diſcours, comme devant les uns & les autres être ſans ceſſe expoſés aux yeux, préſens à notre eſprit & gravés dans tous les cœurs.

Tels ſont les fins & le but de cet ouvrage dont le titre de *Tableau central des Opinions & de l'Education publique*, la Dédicace *à la gloire de l'Être ſuprême*, & l'*Hommage à l'Humanité, à la Nation, à la Loi & au Roi*, font aſſez connoître l'intention pure de rappeler tous les hommes à l'unité du même principe, en poſant pour baſe de l'Éducation générale & publique, la ſageſſe même, celle, dit l'Écriture, qui enſeigne la ſcience de Dieu, & qui eſt la directrice de ſes ouvrages, celle enfin qui eſt le principe de toutes choſes, la lumiere du monde, Dieu même, le créateur & le protecteur des hommes, & leur récompenſe infiniment grande.

D'après l'invitation que pluſieurs de MM. les Députés ont faite à l'Auteur de leur procurer ſon Tableau Central pour être envoyé dans leurs Départemens, il a l'honneur de les prévenir qu'ils le trouveront, avec l'Explication, au Bureau de Contreſeing de l'Aſſemblée Nationale ; & pour le prix qu'il leur plaira fixer.

Ce Tableau ſe trouve à Paris chez l'Auteur, rue de Colbert, n°. 281 ; chez Madame Leſclapart, rue du Roule, n°. 11, & à l'Aſſemblée Nationale, veſtibule du Manége. Le prix en noir avec les explications eſt de 1 liv. 10 ſ.

EXPLICATION
DU TABLEAU CENTRAL DES OPINIONS ET DE L'ÉDUCATION PUBLIQUE,

OU

Développement du ſpectacle de la Nature, de l'unité & de la trinité de ſon principe, & de l'accord de la Philoſophie avec la Religion.

Préſenté à l'ASSEMBLÉE NATIONALE le 18 Juillet 1791.

Tableau deſtiné à accompagner l'Ouvrage intitulé: *de l'Amour & de ſa Puiſſance ſuprême*, par M. J. CHEVRET, de la Section & de la Bibliotheque du Roi.

> Songeons d'abord au cœur, c'eſt lui qui rend heureux : car c'eſt du cœur, dit l'Écriture, que naiſſent ces quatre choſes, le bien & le mal, la vie & la mort. (*Eccléſiaſtique*, 37, 21.)

L'IDÉE générale de ce Tableau embraſſe la Nature, ſon Auteur, la Philoſophie & la Religion, & a pour unique objet de rappeller tous les hommes à l'unité du même principe, de concentrer toutes les opinions & tous les principes d'éducation dans cette unité centrale, dans ce premier principe, qui eſt la vie de ce qui vit, l'être de ce qui exiſte, l'eſſence

A

même des choses, non qu'il entre dans la constitution des êtres, mais parce qu'il a donné à chaque être son essence par effusion de *Bonté*, qu'il l'a fixée par lumiere de *Sagesse*, & qu'il la conserve par impression de *Puissance*. Car par la considération de nous-mêmes & de ce que nous trouvons infailliblement dans notre propre nature, dit *Locke*, la raison nous conduit à la connoissance de cette vérité certaine & évidente qu'il y a un Être éternel très-puissant & très-intelligent. Il n'y a point, dit-il, (en se servant des expressions de S. Paul) de vérité plus constante & plus évidente que celle-ci; « que les perfections invisibles de *Dieu*, sa puissance éternelle & sa divinité sont devenues visibles depuis la création du monde, par la connoissance que nous en donnent ses créatures ».

Il faut donc, dit-il, que la source éternelle de tous les êtres soit aussi la *source & le principe* de toutes leurs puissances ou facultés. (*Essai sur l'entendement humain, ch. 10.*)

Il est d'une nécessité absolue que tous les principes se rapportent à un seul qui soit le principe des principes, & au-dessus duquel il n'y en ait aucun autre, & de qui tous les autres tirent leur dignité & leur unité de principe, par lequel chacun d'eux est *un*.

Cette unité originelle, souveraine, éternelle, immuable, la regle essentielle du beau, du juste & du vrai, de qui vient la lumiere de l'esprit & toutes les connoissances des hommes, est donc Dieu même dans sa trinité de personne & unité d'essence.

Je suis le principe de toutes choses, dit Jesus-Christ; *je suis la lumiere du monde.* (Jean, 8, 12, 25.)

Voilà cette unique lumiere, cet unique principe sur lequel tout repose dans la Religion, la Politique, la Morale, enfin dans tout ce qui tient aux Sciences & aux Arts du ressort de l'esprit humain. « Toutes choses, dit l'Ecriture, ont été faites par lui, & rien de ce qui a été fait n'a été fait ſans lui ». (*Jean 1*, 3.)

Ce Tableau central ou Aſtronomie-Phyſico-Théologie-Métaphyſique, réunit donc toutes ces idées ; il offre à l'œil, dans le ſpectacle de la Nature, le développement de la *Puiſſance*, de la *Sageſſe* & de l'*Amour* de l'unité ſouveraine, & nous aide, par les yeux, à concevoir Dieu *comme premier principe* de toutes choſes, *comme modele* de tout ce qu'il y a de perfection dans chacune, & *comme ſource de l'ordre* & de l'accord qui les lie & qui les fait ſubſiſter & à qui toutes les créatures doivent tendre ; parce que Dieu veut que dans l'ordre phyſique comme dans l'ordre moral, l'homme tende toujours à lui comme à ſon centre unique. « Car, dit-il, je ſuis le Seigneur qui enſeigne la juſtice & qui annonce la droiture & la vérité. (*Iſaïe*, 45, 19). Je ſuis votre protecteur & votre récompenſe infiniment grande ». (*Gen. 15, 1.*)

L'idée de ce Tableau ayant été ſaiſie favorablement par mes Concitoyens, & ſon but de rappeller tous les cœurs à l'unité d'affection & tous les eſprits au même centre de verité, pour en faire la baſe & le principe fondamental de l'éducation nationale ayant été bien ſenti, & la Section de la Bibliothéque nous en ayant témoigné, dans ſon Aſſemblée générale du 4 Mars 1791, toute ſa ſatisfaction, & le deſir de voir ce deſſin ſe multiplier par la gravure ; & la ville de Meulan nous en ayant également donné des motifs d'encouragement par ſon arrêté du 17 du même mois : pour répondre à tous ces procédés ſi flatteurs d'adhéſion, en marquer toute notre reconnoiſſance & atteindre notre but d'être utile à nos Concitoyens, nous avons fait graver ce Tableau que nous nous ſommes attaché à rendre de plus en plus digne de ſon objet & de l'hommage qui le conſacre à l'humanité, à la Nation, à la Loi & au Roi.

Un coup d'œil attentif ſur ce Tableau ſuffiroit peut-être pour en donner toute l'intelligence ; mais pour en faciliter l'explication & en développer toute l'idée, nous ajouterons ce précis qui accompagnera la gravure.

Le premier aspect de ce Tableau offre d'abord le coup d'œil général du Spectacle de la Nature, le Soleil au centre de l'Univers, & les Planetes faisant leur révolution autour de cet astre dont il est le centre du mouvement. Cet admirable flambeau, cet océan de *feu*, de *chaleur* & de *lumiere*, de plus de 319 mille lieues de diametre, vivifie & anime tout de ses rayons bienfaisans. *Mercure*, l'astre le plus proche de lui, quoiqu'éloigné de plus de 13 millions de lieues : *Vénus* de 25 ; la *Terre*, avec la *Lune* son satellite, de 34 ; *Mars* de 52 ; *Jupiter*, & ses quatre satellites, de 180 ; *Saturne*, avec ses sept satellites, de plus de 331 millions ; enfin *Herschel*, Planete nouvellement découverte & éloignée du Soleil de 650 millions de lieues, & qui fait sa révolution autour de cet astre en 82 ans, reçoivent toutes de lui la lumiere dont elles sont éclairées.

Que cette immensité des cieux est admirable ! Quelle magnificence le soleil fait éclater à nos yeux dans la nature ! Quelle gloire pour ce dispensateur des bienfaits de l'Être suprême, d'être comme l'image de sa *puissance*, de sa *sagesse* & de son *amour*, d'être enfin dans l'univers pour les corps qu'il échauffe de ses rayons, pour les yeux qu'il éclaire de sa lumiere, ce qu'est Dieu lui-même pour les esprits & pour les cœurs qu'il embrase de son amour, & qu'il éclaire de sa sagesse : « car c'est lui, dit l'Ecriture, qui donne la sagesse aux sages & la science à ceux qui ont l'intelligence & la lumière (*Daniel*, 2. 21.) ».

La Majesté de Dieu se rend tellement sensible par la splendeur de cet astre, que l'Ecriture annonce que « *Dieu a établi sa tente dans le soleil* (*Dan.* 18. 5.) ».

& que son corps est plein de la gloire du Seigneur (Ec-que 42. 16.) ».

Ce sont ces paroles qui nous ont donné l'idée de placer au centre de cet astre éclatant l'emblême de la Divinité sous la forme du cercle & du triangle qui caractérisent & désignent le plus sensiblement la Trinité & l'unité.

Pour faire connoître ces rapports, & rendre, faut-il dire, visible ce que notre esprit conçoit de cet auguste mystere, & faire sentir au cœur & à l'esprit l'accord de la raison avec la Religion, & tous les motifs de crédibilité qui nous portent à croire la Trinité dans l'unité d'un Dieu, nous nous sommes autorisés des passages de l'Ecriture, où la *puissance*, la *sagesse* & *l'amour* de l'Être suprême sont reconnus comme les trois caracteres essentiels, sans lesquels la Divinité ne peut être conçue; non plus que notre ame créée à son image, sans ces trois facultés, d'*entendement*, de *raisonnement* & d'*amour*, qui circonscrivent, peut-on dire, son essence & son être.

Ces caracteres divins de Trinité & d'unité, sont non seulement empreints sur les intelligences, mais ils le sont sur les corps. Les trois rapports, ou dimensions de *longueur*, de *largeur* & d'*épaisseur*, sont si essentiels à la matiere qu'ils constituent comme son essence; & les rapports de *nombre*, *poids & mesures* si intimément liés à cette essence, que l'Auteur de la nature, & les hommes, dans leurs sciences & dans leurs arts, ne peuvent les en exclure, tout y est fait avec ces trois proportions.

Enfin tous ces rapports singuliers de Trinité & d'unité dans les êtres se retrouvent même dans leur *naissance*, dans leur *vie* & dans leur *mort*: car *naître*, *vivre* & *mourir* circonscrit leur existence sur la terre.

Le triangle, cette figure géométrique que vous voyez ici inscrite au centre du soleil, ne peut être conçu que ſous les rapports de trois lignes liées en unité, & formant à leur ſommet trois angles qui déterminent l'eſſence & l'unité du triangle.

Vous appercevez ſur les côtés les noms de *Pere*, de *Fils* & de *Saint-Eſprit*, au nom de qui Jeſus-Chriſt dit à ſes Apôtres d'inſtruire & de baptiſer toutes les nations ; & ce ſont les trois perſonnes de la Trinité dont parle S. Jean : « car il y en a trois, dit-il, qui rendent témoignage dans le Ciel, le Pere, le Verbe & le Saint-Eſprit, & ces trois ſont une même choſe ». (1. Jean, 5. 7.).

Vous appercevez enſuite, en partant du ſommet des trois angles, que la *Puiſſance va au Pere, la ſageſſe au fils*, & *l'amour au Saint-Eſprit;* & ainſi, de même que les trois côtés & les trois angles ne font point trois triangles, mais ce qui le conſtitue; de même *Pere*, *Fils & Saint-Eſprit*, *Puiſſance*, *ſageſſe*, & *amour*, ne font point trois êtres, mais ce qui conſtitue l'eſſence & l'unité du ſouverain Être qui eſt Dieu, dont la *Puiſſance* ne peut être conſidérée qu'agiſſant avec ſageſſe, & la *Puiſſance & la Sageſſe* portées à l'action que par l'*Eſprit-Saint ; l'amour*, qui procede de l'un & de l'autre, les lie & les conſomme en l'unité ſouveraine, *dont la puiſſance*, *l'amour avec l'intelligence*, *unis & diviſés*, *compoſent l'eſſence*, dont le Fils, ou la ſageſſe incarnée, eſt devenu pour les hommes *la voie*, *la vérité & la vie*, & comme il eſt la ſplendeur de la gloire de Dieu & le caractère de ſa ſubſtance.

Tout eſt ſoumis à ſon Empire ;
Sa bonté remplit l'univers ;
C'eſt par lui que tout reſpire,
Sur la terre & dans les airs. (*P. Porée.*)

Sans doute c'eſt quelque choſe de grand que ce myſtere d'amour ; mais loin que cet inconcevable myſtere répugne à la raiſon, elle y trouve au contraire cette même raiſon, dans un légitime exercice de ſes droits, tous les motifs de crédibilité qui la portent à *croire* avec reſpect, à *eſpérer* avec confiance, & à *aimer* avec ardeur, & de toutes ſes forces, l'unité dans la Trinité, & la Trinité dans l'unité d'un Dieu tout amour & charité.

Cette unité ſouveraine ſe fait ici remarquer au centre du triangle par ces paroles de l'Ecriture : *Je ſuis celui qui eſt ;* paroles où la Divinité ſe définit elle-même comme l'unique principe dont l'eſſence eſt d'être, & d'être ſans commencement & ſans fin, le premier & le dernier, le principe & la fin de toutes choſes.

Au centre du cercle, Type de l'unité, le mot *Dieu* fait concevoir toute ſa ſimplicité ; & la lumiere reſplendiſſante du Soleil, & ſes rayons lumineux, lancés de toutes parts dans l'univers, déſignent & annoncent avec magnificence à toute la nature, ſon auteur, ſa grandeur & ſa gloire : & cette vive & éclatante lumiere, image ſenſible de l'Eſprit Divin, qui remplit l'univers, ſemble ici inveſtir & faire briller aux yeux tous les Génies bienfaiſans des grands hommes dont les noms immortels ſont préſumés tous tracés autour de ce tableau, pour rappeller leurs vertus, leur mérite, & ſervir d'exemples & d'émulation vers la véritable gloire, vers cette gloire utile à l'humanité, à ſa patrie, à ſes Concitoyens, enfin vers cette unique gloire digne de ſon principe.

L'eſſence ſouveraine, ſon unité & ſa Trinité eſt ici conçue autant que la raiſon peut maintenant concevoir ce qu'eſt Dieu ; car ſi vous demandez une explication plus particuliere d'un myſtere ſi profond, je vous dirai avec S. Chriſoſtôme : *Songez que c'eſt de Dieu même que nous parlons*, dont la magnificence, dit l'Ecriture, eſt plus élevée que les Cieux.

Du ſommet de deux angles du Triangle partent

deux traits de lumiere vers deux médaillons, emblêmes l'un de la *Philoſophie*, & l'autre de la *Religion*, & l'un & l'autre émanant de la Divinité, comme ſource & principe de toute lumiere & de toute vérité.

L'un de ces traits indique ce rayon d'intelligence divine qui brille dans l'homme, & fait toute ſa raiſon, dont l'uſage légitime le conduit à l'amour de la ſageſſe & à l'étude des choſes divines & humaines, qu'il a compriſes ſous le nom générique de *Philoſophie*, & particulariſées ſous les dénominations de *Logique*, de *Métaphyſique*, de *Morale*, & de *Phyſique* ici tracées ſur le médaillon.

L'homme, qui toujours auroit dû marcher à la lueur de ce flambeau, & ne jamais quitter la voie droite de la vérité, qui eſt l'objet naturel de ſon eſprit & de ſon cœur, s'eſt néanmoins égaré, ſéduit par ſes penſées, entraîné par ſes paſſions : & toujours cherchant la vérité & le ſouverain bonheur, il en eſt venu à ce point d'égarement de former ſur cet objet, dit *Varron*, plus de 270 ſyſtêmes différens. Les plus ſages enfin ont ſenti l'inſuffiſance de la raiſon humaine ſur l'idée du ſouverain bien, & ſubjugés par la grandeur de l'objet de leurs méditations, ſe ſont vus forcés d'avouer avec *S. Cyrille* que la philoſophie eſt le catéchiſme de la foi, & dire avec le Chancelier *Bacon* que peu de philoſophie diſpoſe à l'athéiſme, mais que beaucoup de profondeur ramène à la Religion.

Cet autre trait de lumiere qui part du ſein de la divinité, eſt la *Religion*, ce flambeau divin, deſtiné par ſon auteur pour être la lumiere des Nations & le témoignage le plus ſignalé de ſon amour, par laquelle il rappelle à lui les hommes par la foi, en ſa parole qui eſt la ſeule connoiſſance certaine que nous puiſſions avoir de lui-même ; car en croyant ce que Dieu nous a révélé, nous nous faiſons une raison de la raison de Dieu même, & la foi est en nous comme l'expression de sa pensée éternelle. C'est par la Religion révélée, que Dieu rétablit l'homme dans sa dignité, lui fait connoître ses droits, lui trace tous ses devoirs, lui manifeste la grandeur de toutes ses espérances, & lui montre le bonheur, l'objet & la recherche de tous les philosophes, & le but de l'humanité.

Enfin la Religion, ce lien qui attache l'homme à Dieu, & qui unit le ciel à la terre, fait partie dans l'homme de cette loi de la nature, empreinte & gravée dans son cœur, mais que l'abus de la liberté & les passions y ont affoiblie, que la Loi écrite, inspirée & promulguée par Moïse, ce Législateur choisi, a rappellée & fait renaître, & que la loi pure de l'amour, ordonnée & prêchée par Jesus-Christ, souverain Législateur, envoyé pour être la lumiere & le sauveur du monde, a rétablie dans toute sa pureté par sa grace, en annonçant le souverain bien, dont il est la source, & qu'il montre à l'univers par la *Foi*, qu'il promet à l'*Espérance*, & qu'il donne à la *Charité*, à l'amour qui est la fin de la Loi.

Ainsi *croyons*, *espérons* & *aimons*, & la Religion & la Loi seront dans nos cœurs.

« La Loi, dit l'Ecriture, a été donnée par Moïse, mais la Grace & la vérité ont été apportées par Jesus-Christ (*Jean.* 1. 17) & cet Evangile du Royaume, dit ce divin législateur, sera prêché dans toute la terre, pour servir de témoignage à toutes les Nations; (*Mat.* 24. 14) & celui qui me méprise, & qui ne reçoit pas mes paroles, a pour juge la parole même que j'ai annoncée; ce sera elle qui le jugera au dernier jour. (*Jean* 12. 48.) Je suis le principe de toutes choses, moi même qui vous parle. (*Jean* 8. 25.) Je suis la lumiere du monde. (*Jean* 8. 12.) Je suis *la voie, la vérité & la vie* : personne ne vient au pere que par moi. (*Jean 14. 6.*) Si vous m'aimez, gardez mes commandemens. (*Jean 14. 15.*) Le commandement que je vous donne, est de vous aimer les uns les autres, comme je vous ai aimés. (*Jean 15. 12.*) Je suis venu dans le monde, afin de rendre témoignage à la vérité : quiconque appartient à la vérité, écoute ma voix. (*Jean 18. 37.*)

La Religion est donc la fin de tous les desseins de Dieu sur la terre ; elle ne commande à l'homme que d'être heureux, & elle ne lui défend que d'être misérable ; ces loix nous ont toujours pour objet ; c'est toujours notre bien qu'elles regardent, c'est l'intérêt de l'homme qu'elles ont en vue, & qui se termine enfin à son souverain bonheur, & à la gloire de Dieu. Ainsi donc les deux grands ouvrages où brille l'unité d'un dessein toujours suivi, & qui font particulierement reconnoître la divinité, sont *la Nature & la Religion*.

La Philosophie fondée sur le raisonnement, étudie la nature, mais

La Nature est muette, on l'interroge en vain ;
On a besoin d'un Dieu qui parle au genre humain.
Il n'appartient qu'à lui d'expliquer son ouvrage,
De consoler le foible, & d'éclairer le sage.
L'homme au doute, à l'erreur abandonné, sans lui
Cherche en vain des roseaux, qui lui servent d'appui.
(*Voltaire.*)

Ces deux rayons de la suprême essence, la *Philosophie* & la *Religion*, faits pour être unis, & éclairer l'univers, doivent marcher de concert, & tendre au même but de rappeller les hommes à l'unité du souverain principe. La Philosophie par la raison, en remontant des effets à la cause, pour connoître le Créateur par les créatures, les perfections infinies de Dieu par celles de tous les êtres visibles; car les créatures, dit *Saint Augustin*, sont l'évangile des Philosophes & des Païens.

La Religion au contraire, avec une science certaine, descend de son auteur, & expose la magnificence & le but de ses ouvrages, & par l'attrait de l'amour, fait naître dans les cœurs la reconnoissance & l'amour du souverain Être. Enfin la *Philosophie* & la *Religion*, ces deux lumieres divines unies par leur but, le bonheur des hommes, toujours de concert, doivent y concourir, & même se confondre en unité; car, dit *Saint Augustin*, « la philosophie, ou l'amour & la recherche de la sagesse, & la vraie Religion, ne sont point choses différentes.

Il faut donc que tous les hommes s'éclairent, & sentent que dans la nature & dans la Religion, tous les desseins de Dieu tendent à l'unité; dans la nature, par l'harmonie des rapports & l'unité de fin; & dans la Religion, par l'unité de la foi, qui tend à l'unité de la Charité, & qui l'un & l'autre se terminent à l'unité admirable & éternelle, dont Jesus-Christ est le centre & le nœud, & où nous sommes tous *un*. Admirez, dit Saint Augustin, que celui qui n'est qu'un avec son pere, n'a voulu n'être aussi qu'un avec nous.

« Je leur ai donné, dit-il, la gloire que vous m'avez donnée, afin qu'ils soient *un*, comme nous sommes *un*, je suis en eux, & vous en moi, afin qu'ils soient *consommés en l'unité.* » (*Jean* 17. 22. 23.)

Voilà la fin de ce mystere incompréhensible que les Peres appellent *l'ouvrage de tous les siécles*, où nous serons tous *un*, non en nous-mêmes, ni par nous-mêmes, mais en Dieu, & dans l'unité même de la Trinité, où alors Dieu sera tout en tous.

Y a-t-il rien de plus glorieux, & en même temps de plus digne d'un être intelligent, que cette union ſi étroite des créatures avec le Dieu de gloire, le ſouverain principe, qui fera ſubſiſter & vivre en lui & de lui tout le corps de l'Egliſe, le chef & les membres, les rendra immortels par lui-même comme *Eternité*, les éclairera & les rendra tout lumineux comme *Vérité*; ſe répandra en eux & les conſommera en lui comme *Charité*? Alors, dit l'Ecriture, tout ſera conſommé; « car toutes choſes ayant été aſſujetties au fils, dit Saint Paul, le fils ſera lui-même aſſujetti à celui qui lui aura aſſujetti toutes choſes, afin que Dieu ſoit *tout en tous*. (*1. Cor. 15. 28.*)

Quel admirable principe! tout part de l'unité ſouveraine par le développement de ſon amour dans la nature & dans nos cœurs, & tout y rentre pour ſa gloire; & pour les juſtes y être conſommés par un éternel amour. L'eſprit humain peut-il par ſes propres forces ſe porter à des idées auſſi ſublimes, s'élever à des choſes auſſi admirables qu'incompréhenſibles?

Ici nous ne voyons Dieu que dans ſes ouvrages, que dans ſes images, à travers les ombres de la foi; mais alors de la conſommation en l'unité, nous le verrons dans lui-même, dans la ſplendeur de ſon eſſence, dans tout l'éclat de cette lumiere de gloire dont nous ſerons environnés & comme inveſtis; nous aurons alors le parfait contentement de nos cœurs, quelques immenſes que ſoient nos deſirs, nous ſerons ſatisfaits au de-là de nos deſirs même; enfin nous verrons Dieu; en le voyant, nous l'aimerons; en l'aimant, nous le poſſéderons. Voilà le terme & le comble de tout bonheur, l'objet & la fin de la création & de toute la Religion, du Dieu qui a tout fait pour lui-même, pour ſa gloire & le bonheur des juſtes: « Car c'eſt moi, dit-il, qui ai créé pour ma gloire » tous ceux qui invoquent mon nom; c'eſt moi qui » les ai formés & qui les ai faits. (*Iſa. 43. 7.*) Je glori-

» ſierai quiconque m'aura rendu gloire, & ceux qui me
» mépriſent tomberont dans le mépris. (*1. Rois* 2, 30.)
» Ce n'eſt point en vain que j'ai dit à la race de Jacob:
» Recherchez-moi, car je ſuis le Seigneur qui enſeigne
» la juſtice & qui annonce la droiture & la vérité.
» (*Iſa.* 45. 19.) C'eſt moi, c'eſt moi qui ſuis véri-
» tablement. (*Jérém.* 7. 11.) Je ſuis l'alpha & l'oméga,
» le premier & le dernier, le commencement & la
» fin. (*Apo.* 22. 13.) Ne craignez point, c'eſt moi
» qui vous aide & qui vous ſoutiens. (*Iſa.* 43. 13.)
» Je ſuis votre Protecteur & votre récompenſe infi-
» niment grande. (*Gen.* 15. 1.) »

Sous tous les rapports de Philoſophie & de Religion, de Politique, d'Education, de Sciences & d'Arts, enfin ſous tous les rapports qui peuvent intéreſſer l'humanité, ce Tableau central eſt particulierement la baſe inébranlable de l'inſtruction & de l'éducation publique, en rappellant perpétuellement à la ſource primitive d'où dérivent tous les rayons de lumiere, pour parler ainſi, qui éclairent nos eſprits & toutes les affections louables d'amour qui échauffent & embraſent nos cœurs ; & nous fait ſentir viſiblement que comme nous ne voyons le Soleil que par la lumiere du Soleil, de même ce n'eſt que par le principe ſouverain, qui eſt toute vérité, que nous connoiſſons la vérité & qu'elle brille à notre eſprit dans l'acquit des Sciences. « Car, dit l'Ecriture, le Seigneur eſt le Dieu de toute connoiſſance, & il pénetre le fond des penſées. (*Rois*, 2, 3.) C'eſt lui qui donne la ſageſſe aux ſages & la ſcience à ceux qui ont l'intelligence & la lumiere. (*Daniel*, 2, 21.) Vous me chercherez, dit-il, & vous me trouverez; lorſque vous me chercherez de tout votre cœur, c'eſt alors que vous me trouverez, dit le Seigneur ». (*Jérem.* 29, 13.)

Quels plus puiſſans motifs, mes chers Concitoyens, peuvent être employés pour ramener tous les hommes à l'union, à la paix, que celui de l'amour, ce lien universel des cœurs, & que l'exposé des grands intérêts qu'a l'humanité entiere de se maintenir en paix, & de former sur la terre une seule & unique famille conduite par cet inébranlable principe d'amour qui développe & qui concentre tout en lui-même pour le bonheur de tous!

Chérissons-nous donc les uns les autres, & la Loi & la Religion seront dans nos cœurs, & la Patrie en paix nous fera goûter tous les charmes du bonheur réservé à l'union, à la concorde entre des Citoyens animés de leurs véritables intérêts, ceux de leur Patrie, où tous les devoirs d'amour se trouvent concentrés. Ne faisons donc qu'un tout harmonique, qu'une famille, qu'un cœur & qu'un esprit. Appuyés sur le même principe, déduisons les mêmes conséquences & nous tendrons tous au même but de félicité & de bonheur, & tous les Citoyens, alors animés de cet esprit de concorde, (jettant les yeux sur la Déclaration des droits de l'Homme & le Discours du Roi ici rappellés) feront avec zele le judicieux serment décrété par notre auguste Assemblée Nationale & sanctionné par notre Roi chéri, d'être fideles à la Nation, à la Loi & au Roi.

Que cet unique principe de justice, d'ordre & de vérité, cet Être suprême, en présence & sous les auspices de qui l'auguste Assemblée Nationale a reconnu & déclaré les droits de l'Homme & du Citoyen; que cet Être, tout amour, soit donc pour tous les hommes l'objet de leur affection & de leur amour réciproque, le centre commun qui les unisse. C'est pour porter à ce but que dans notre Ouvrage sur l'amour, nous avons témoigné le desir de faire graver ce Tableau central qu'aujourd'hui l'honorable Assemblée a accueilli dans son sein & dont elle a agréé l'hommage (1). Nos desirs sont remplis, & nous ne pouvons, pour en marquer notre satisfaction, que témoigner publiquement toute notre reconnoissance. Il ne nous reste plus qu'à desirer que notre Tableau central, si bien accueilli dans la Capitale, puisse se répandre dans les Départemens, ainsi que nous en avons manifesté l'empressement dans notre précédent Ouvrage, où nous exposions les motifs qui nous engageoient à sa publication. « Ce Tableau, disions-» nous, n'a d'autre but que de donner de grandes » idées, d'élever l'ame par la magnificence de la » nature, & de rappeller sans cesse, par les yeux, » à l'esprit & au cœur de tous les Citoyens, la » grandeur & la majesté de l'Être supreme, ce Juge » & témoin des actions & des pensées des hommes, » devant qui ont particulièrement à répondre les » Fonctionnaires publics, tous les Juges, enfin tous » ceux qui, en quelque maniere que ce soit, ont » part à l'administration de cet Empire; & de rap-» peller tous les Peuples à l'union, à la concorde, » à l'unité que manifeste l'harmonie de la nature dans » les êtres même privés de raison; enfin, que ce » seroit pour inviter à cette Loi d'amour, de justice, » source unique de félicité & de bonheur, que notre » desir seroit de voir multiplier ce Tableau, pour » être mis sous les yeux de tous nos Concitoyens, » dans tous les Départemens, les Sections de la » Capitale, les Municipalités, les Tribunaux du » Royaume, les Colleges, les Ecoles publiques; » enfin dans tous les endroits où doivent être placés » la Déclaration des Droits de l'Homme & le Discours » du Roi ». Telles étoient alors nos vues. Maintenant que nous goûtons la douce satisfaction de voir

(1) Le sieur J. Chevret, Citoyen de Paris, ayant adressé à l'Assemblée un Tableau Central, figuré, des opinions & de l'Education publique; elle en a agréé l'hommage. *Procès-verbal de l'Assemb. Nation. du 18 Juillet 1791.*

agréer par les Repréfentans de la Nation & par nos Concitoyens (1), le fruit de nos veilles, il ne nous reftoit plus qu'à trouver le moyen de confommer notre hommage à l'humanité ; car ayant toujours confidéré qu'aucun homme ne doit être étranger à un autre homme, & qu'en nous circonfcrivant dans nos foyers, notre but n'étoit point encore atteint, nous avons réalifé, en la perfonne de MM. les Ambaffadeurs des Puiffances de toute la Terre, notre hommage à l'humanité. L'accueil favorable que nous avons reçu de ceux à qui nous avons pu nous-mêmes avoir l'honneur d'offrir & d'expliquer notre Tableau, & l'empreffement qu'ils nous ont témoigné à le faire parvenir chacun dans le fein de leur Nation, nous ont confirmé dans la réalité & la confommation entiere de notre hommage. Toutes nos vues, ainfi remplies, nous laiffent encore le defir que notre ouvrage puiffe être généralement auffi utile, que nos intentions font pures.

Enfin que de motifs de concorde & d'admiration vous offre à l'efprit, par les yeux, l'afpect de ce Tableau ! L'unité éclatant dans la création, *Verbe*, *Sageffe*, quand elle ordonne ; *Raifon*, *Amour* quand elle difpofe, & *Puiffance* quand elle exécute. En un mot la Trinité dans l'unité, & l'unité dans la Trinité par-tout manifeftée dans la Nature. La Philofophie méditant toutes fes merveilles, fe conciliant avec la Religion, & la Religion développant le grand principe d'amour, cet unique principe, que tout part de l'unité, que tout eft fait pour y rentrer, par amour ou par juftice.

---

(1) La Section de la Bibloathèque, dans fon Affemblée générale du 8 Août 1791, a unanimement arrêté que ce Tableau central feroit dépofé au Comité de la Section. Et la Municipalité de Meulan, par fa Délibération du 9 du même mois, l'ayant agréé, a également arrêté qu'il feroit dépofé dans le lieu de fes Séances.

Quelle vaste idée recevez-vous de l'immensité des Cieux, lorsque vous vous rappellez que l'étoile de Syrius, la plus brillante & la plus proche de toutes, de 33 millions de lieues de diametre est à plus de 700 mille millions de lieues de distance, & qu'il y en a des millions de millions! Quelle est donc l'étendue du firmament entier qui embrasse dans son enceinte tous ces vastes corps? Peut-on y penser sans être confondu, troublé, épouvanté; c'est un abîme où l'on se perd, où l'esprit se confond, & où l'imagination même n'a plus de prise? L'univers est si vaste, dit *Pascal*, qu'on peut le comparer à une sphere infinie dont le centre est par-tout & la circonférence nulle part. Cette immensité est comme le caractere & le sceau de l'Etre suprême, que les conceptions les plus vives & les plus sublimes ne sauroient atteindre; à cette vue, nous sommes comme forcés de reculer & d'avouer notre néant, en nous écriant avec *David* ce grand Roi, & tous les génies des grands hommes qui ornent ce Tableau: « *Que vos ouvrages, Seigneur, sont grands & magnifiques! que vos pensées sont profondes & impénétrables! Heureux est le Peuple qui sait vous louer, & se réjouir en vous!* ». (Psau. 91. 5. 88. 15.)

Voilà, mes chers Concitoyens, le comble du bonheur & le terme où la concorde, la vérité, la justice & la paix, enfin, l'amour de l'unité souveraine nous feront arriver. Il ne nous reste donc plus qu'à nous unir d'esprit & de cœur, pour, d'une voix unanime, nous écrier de nouveau avec Saint Paul, rempli du même esprit que David: « Tout vient de Dieu, tout est par lui, tout est en lui. A lui donc, comme au principe & à la fin de toutes choses, qui change les tems & les siecles, dit l'Ecriture, qui transfere & qui établit les Royaumes, qui donne la sagesse aux Sages, & la science à ceux qui ont l'intelligence & la lumiere; à lui, comme à la souveraine sagesse, de qui vient le conseil & l'équité, la prudence & la force, par qui les Rois regnent & les Législateurs ordonnent ce qui est juste; enfin, à lui, comme au souverain Juge & Témoin des pensées & des actions des hommes, leur Protecteur & leur récompense infiniment grande, soit honneur & gloire ».

Nota. Le Tableau central des opinions & de l'éducation publique, dont on vient de donner l'idée, est gravé dans la proportion d'environ un pied de l'arge, sur seize pouces de haut. Le prix, toujours avec l'explication ci-dessus, sera, en noir, de 30 s.; & colorié, de 36 s., 48 & 3 liv. Ce Tableau se trouvera chez l'Auteur, rue Colbert, seconde Porte-cochere, n° 281; & rue S. Marc, n° 21, au troisieme; chez M. Poisson, Dessinateur-Graveur, Auteur des Sections gravées, rue & cloître S. Honoré, maison des Enfans-de-Chœur; & chez les Libraires déja indiqués, & les Marchands d'Estampes & de Nouveautés; &, à Meulan, chez M. le Blond, Notaire.

OBSERVATION.

Plusieurs de MM. les Députés ayant marqué le desir de réunir l'*Epître à l'Humanité*, le *Manuel du Citoyen*, l'*Ouvrage sur l'Amour*, & l'*Explication du Tableau Central*, pour en faire un tout avec ce même Tableau, qui est le complément de ces Ouvrages, sont priés, ainsi que ceux de nos Concitoyens qui nous ont marqué le même desir, de vouloir bien se faire inscrire à l'une des adresses ci-dessus. L'Auteur, se trouvant engagé dans les avances de ces précédens Ouvrages, & ayant fait ce que son zèle & son pouvoir lui ont dicté, craint de se surcharger de nouveaux frais par une réimpression dispendieuse; pour éviter cet inconvénient, lorsqu'il présumera pouvoir recouvrer les seuls frais d'impression, il fera réimprimer le tout.

Et de plus, le *Développement du Tableau central, ou Système figuré des connoissances humaines, toutes rapportées à leur unique Principe, & déduites de la Philosophie & de la Religion.* Ce Développement surmonté d'une Gloire analogue à l'idée du Tableau ci-dessus expliqué, donnera la notion de tous les objets de l'éducation, c'est-à-dire, l'idée générale de tous les arts & de toutes les sciences du ressort de l'esprit humain.

D'après l'invitation que plusieurs de MM. les Députés ont faite à l'Auteur, de leur procurer son Tableau Central pour être envoyé dans leurs Départemens, il a l'honneur de les prévenir qu'ils le trouveront, avec l'Explication, au Bureau de Contreseing de l'Assemblée Nationale; & pour le prix qu'il leur plaira fixer.

De l'Imprimerie de N.H. Nyon, *rue Mignon S. André-des-Arcs.*

www.ingramcontent.com/pod-product-compliance
Ingram Content Group UK Ltd.
Pitfield, Milton Keynes, MK11 3LW, UK
UKHW021928190726
13853UKWH00002B/908